Huma Tariq

Zapobieganie atakowi czarnej dziury na dane

Huma Tariq

Zapobieganie atakowi czarnej dziury na dane

przy użyciu techniki Honey-Pot

Wydawnictwo Bezkresy Wiedzy

Imprint
Any brand names and product names mentioned in this book are subject to trademark, brand or patent protection and are trademarks or registered trademarks of their respective holders. The use of brand names, product names, common names, trade names, product descriptions etc. even without a particular marking in this work is in no way to be construed to mean that such names may be regarded as unrestricted in respect of trademark and brand protection legislation and could thus be used by anyone.

Cover image: www.ingimage.com

This book is a translation from the original published under ISBN 978-620-0-23392-9.

Publisher:
Wydawnictwo Bezkresy Wiedzy
is a trademark of
Dodo Books Indian Ocean Ltd., member of the OmniScriptum S.R.L Publishing group
str. A.Russo 15, of. 61, Chisinau-2068, Republic of Moldova Europe
Printed at: see last page
ISBN: 978-620-0-54716-3

بسم الله الرحمن الرحيم

W imię Boga

Najmiłosierniejszy, Najlitościwszy, Najbardziej Współczujący

DEDYKACJA

Dedykowany

Do mojego wielkiego ojca

Doktor, Mohammad Shafi

Mój ojciec

Pan, Tariq Mehmood

Moja mama

Kalsoom Tariq

I

Moi bracia

Mohsin Ali Tariq

Ahsan Ali Tariq

POTWIERDZENIE

Wszystkie pochwały i podziękowania dla Łaskawego Wielkiego Pana "Wszechmogącego ALLAHa", który pobłogosławił mnie z odwagą i uczynił moje wysiłki wiernymi, który obdarzył mnie potencjałem i zdolnością do wniesienia odrobiny materiału do istniejącej wiedzy. Modlę się o wszystkie hołdy dla Świętego Proroka Hazrata Muhammada SAW, który oświecił naszą świadomość, który jest pochodnią Przewodnika i wiedzy dla ludzkości. Wszystko i każdy szacunek jest dla Świętego Proroka Muhammada SAW, który pozwala nam rozpoznać naszego stwórcę. Miło mi wyrazić moje szczególne podziękowania dla Rodziców, którzy dali mi również szansę. Jest to rzeczywiście jedno z najlepszych doświadczeń edukacyjnych w historii. Szczególne podziękowania dla moich nauczycieli za życzliwą współpracę w całym moim okresie edukacji. Chciałbym wyrazić wdzięczność wszystkim moim nauczycielom uniwersyteckim, którzy pokładają we mnie wiarę i namawiają mnie do lepszego postępowania. Szczególne podziękowania dla nich za oświecone poglądy, cenne sugestie i inspirujące wskazówki do całej naszej pracy oraz za ich wkład w rozwój umiejętności we mnie, abym mógł uczestniczyć w tym świecie jak własny i starać się pracować dla ludzi tym małym wysiłkiem.

Na koniec muszę wyrazić moją głęboką wdzięczność za moich rodziców, którzy cały czas wspierali mnie finansowo i moralnie. Jestem im wdzięczny za ich modlitwy o mój sukces i świetlaną przyszłość. Zakończenie tej rozprawy byłoby dla mnie niemożliwe bez ich ogromnego wsparcia, źródła motywacji i udzielania właściwych rad we właściwym czasie. Praca ta nie może być zakończona bez ich miłości, wsparcia, modlitwy i woli Boga Wszechmogącego.

SKRÓTY

AODV	Ad Hoc on-Demand Distance Vector
MANET	Mobile Ad Hoc Network
RREQ	Route Request
RREP	Route Reply
RRER	Route Error
MANET Mobile	Ad hoc Network
VANET Vehicular	Ad hoc Network
WSN Wireless	Sensor Network
TTL	Time to leave
Dest	Destination Number
N.H	Next Hope
H.C	Hope Count
RRER	Route Error
IP	Internet Protocol
R.T	Routing Table
M.R	Malicious Record

ZAPOBIEGANIE ATAKOWI CZARNYCH DZIUR ZA POMOCĄ TECHNIKI MIODU PITNEGO W PROTOKOLE AODV

ABSTRACT

W świecie przetwarzania danych ochrona jest głównym problemem. W chmurze obliczeniowej, gdzie zapewnia ona większą szybkość i niższe koszty, zwiększa ona również ryzyko zagrożeń bezpieczeństwa z powodu różnych węzłów, które mogą się łączyć i wycofywać w dowolnym momencie. Głównym powodem bezpieczeństwa, który należy tu omówić, jest "Atak Czarnej Dziury". Atak czarnej dziury jest poważnym zagrożeniem. Jest to jedno z ostatnich zagadnień, które czerpią inspirację z teorii czarnej dziury w przyrodzie. Czarna dziura znana również jako atak routingu złośliwy węzeł reklamuje się jako świeższa ścieżka do wszystkich węzłów w środowisku, wysyłając fałszywą odpowiedź trasy jako wiadomość REEP. Następnie węzeł nadawcy wysyła pakiet danych do złośliwego węzła w sieci. W badaniach tych omawiany jest protokół routingu reaktywnego w mobilnym wektorze dystansowym Ad hoc na żądanie. Mobilna sieć ad-hoc jest rodzajem sieci, która jest pozbawiona infrastruktury i może być zaprojektowana do realizacji określonego celu, który jest obsługiwany przez ustanowienie całej konfiguracji w locie.

W ramach tych badań przeanalizowaliśmy wykrywanie ataków czarnej dziury za pomocą rozwiązania prewencyjnego do ataków czarnej dziury na protokół AODV. Ponieważ węzły mobilne wysyłają pakiety danych przy użyciu węzłów pośrednich i ze względu na tygodniowy mechanizm bezpieczeństwa, MANET cierpi na wiele ataków intruzów. Atak Black Hole jest atakiem typu denial of service i kiedy złośliwy węzeł wysyła RREP do węzła źródłowego, aby pokazać jego świeżą i najkrótszą drogę do miejsca docelowego i po otrzymaniu pakietów danych, upuścić je lub udostępnić z innym złośliwym węzłem zamiast bezkompromisowego przekazywania do węzła docelowego.

W niniejszym opracowaniu proponuje się podejście do wykrywania i zapobiegania atakom na czarną dziurę oraz zabezpieczania ścieżki przed zaangażowaniem złośliwych węzłów poprzez wykorzystanie techniki Honey-Pot i utrzymywanie bezpieczeństwa sieci poprzez nadawanie adresów złośliwych węzłów do innych węzłów w sieci [12].

SPIS TREŚCI

CEL TEJ KSIĄŻKI

Słowo "bezprzewodowy" ma wpływ na komfort naszego życia w sieci bezprzewodowej i eliminuje konieczność noszenia przy sobie fizycznego sprzętu, który przez cały czas komunikuje się ze sobą. Doraźny wektor odległości na żądanie zyskał duże znaczenie w sieci łączności bezprzewodowej. Protokół AODV w MANET'ie to w zasadzie węzły robocze pełniące rolę routera i przesyłające pakiety pomiędzy różnymi węzłami. Książka ta koncentruje się głównie na ataku czarnych dziur na pakiety danych w systemie MANET w ramach protokołu AODV. W dzisiejszych czasach istnieje potrzeba stworzenia bezpieczniejszego środowiska sieciowego, które usunie hakerstwo i sprawi, że próba eve dropper'a zakończy się niepowodzeniem. Aby zapobiec Atakowi Czarnych Dziur w MANTE istnieje wiele technik, takich jak Próg, monitorowanie w czasie rzeczywistym, Opóźnienie, Tabela Odpowiedzi na Trasę, Porównanie numeru sekwencji docelowej oraz przez obliczenie wartości szczytowej, itp.

Moim celem jest zapewnienie bardziej bezpiecznej sieci w MANET w protokole AODV i zapobiec Black Hole Attack, aby zapewnić bezpieczny mechanizm poprzez transformację zachowania protokołu AODV w unikalny sposób przy użyciu mojej techniki o nazwie "Honey-Pot Technique" I tej techniki węzeł źródłowy musi być przekształcony w węzeł Fox (ostry węzeł), który jest bardziej inteligentnie pracować, aby przesłać pakiet danych do właściwego miejsca docelowego. Nazwałem swoją technikę "Honey-Pot Technique" na istniejącej technologii, która jest podobna do mojej proponowanej techniki w jakiś sposób, więc dla lepszego zrozumienia użyłem tej nazwy dla mojego proponowanego rozwiązania.

Po co ta technika:

Istnieje wiele rozwiązań, aby rozwiązać ten problem, ale nadal istnieje potrzeba stworzenia bezpiecznego protokołu sieciowego lub ulepszenia istniejącego protokołu, aby nasze dane były bezpieczne. Istnieje wiele technik, ale mają one również pewne wady i ryzyko.

Moje rozwiązanie zapobiegające atakowi Black Hole jest nazwane na istniejącą technikę Honey-Pot, ale dodaję też kilka zmian zgodnie z moim rozwiązaniem. W tej książce technika Honey-Pot jest po raz pierwszy używana do zapobiegania atakom Black Hole w protokole AODV w MANET.

"W niektórych sytuacjach trzeba użyć miodowej miski, by pokonać zło."

Wprowadzenie do sieci Ad Hoc

Protokół Ad Hoc jest protokołem reaktywnym, który ten rodzaj protokołu tworzy się na żądanie. Jest to rodzaj sieci bezprzewodowej, która jest nazywana infrastrukturą mniej sieci może stworzyć sieć komunikacyjną, jak na potrzebę tego typu sieci jest nazywany Ad Hoc sieci. Jest to zbiór mobilnych węzłów, które spontanicznie tworzą sieć i komunikują się za pomocą współdzielonego kanału bezprzewodowego bez wcześniejszej infrastruktury i bez lub z minimalną administracją centralną. Potrzeba stworzenia tej sieci jest bezprzewodowym urządzeniem, które może uzyskać dostęp do usług komunikacyjnych i obliczeniowych, w ruchu. Protokół Ad Hoc może zrobić mniej transmisji na raz. Protokoły sieciowe Ad Hoc nie mają scentralizowanego punktu dostępu do komunikacji. Sieci Ad Hoc są przydatne, gdy infrastruktura nie jest dostępna, wtedy możemy budować tę sieć tylko poprzez węzły komunikacyjne. Wszystkie węzły są komunikowane ze sobą za pomocą wspólnego medium.

Charakterystyka sieci Ad Hoc:

Sieć multi-hopowa: Jest to sieć wielohopowa, ponieważ wiele węzłów jest połączonych ze sobą za pomocą sieci Ad hoc w celu utworzenia ścieżki komunikacyjnej.

Topologia dynamiczna: Sieć ad hoc ma cechę topologii dynamicznej, ponieważ po utworzeniu węzłów ich ścieżka może łączyć się ze sobą w dowolnym kształcie, czasami mogą one tworzyć topologię pierścieniową, a po pewnym czasie mogą zmienić się w topologię gwiazdy lub topologię magistrali.

Samo-organizacja i samokonfiguracja: Możliwość samodzielnej organizacji i samokonfiguracji sieci ad hoc jako węzły mogą samodzielnie organizować i konfigurować swoją sieć.

Jeśli węzeł zniszczył się w trakcie transformacji pakietów, może wybrać drugą ścieżkę do transmisji pakietu danych.

Rodzaje Ad Hoc Networks:

Istnieją dwa rodzaje sieci Wireless Ad Hoc:

Jednorodne: Urządzenia o podobnej charakterystyce wykorzystywane są do tworzenia sieci ad hoc.

Niejednoznaczne: Urządzenia o różnej charakterystyce wykorzystywane są do tworzenia sieci ad hoc.

Różne typy:

- Mobile Ad hoc Network (MANET)
- Pojazdowa sieć ad hoc (VANET)
- Bezprzewodowa sieć czujników (WSN)

DLACZEGO AD-HOC ON DEMAND DISTANCE VECTOR (AODV)

AODV jest rozszerzeniem protokołu DSR (Dynamic Source Rouuting). Tutaj porównujemy oba protokoły i określamy zalety AODV oraz wady protokołu DSR.

Wady Dynamic Source Routing (DSR):

Pozwala to węzłom na dynamiczne odkrywanie trasy źródłowej przez wiele sieci podskakuje do dowolnego miejsca docelowego. Za każdym razem, gdy węzeł znajdzie trasę do miejsca docelowego, trasa będzie zawierać same dane, a pakiety danych będą zawierać całą swoją trasę. Na przykład, sieć nie jest duża, ścieżka będzie mała, ale jeśli nasza sieć będzie się powiększać, więc w tym przypadku, bajty wymagane do przechowywania ścieżki i pakiety danych również wzrosną, więc w tym przypadku, pasmo sieciowe nie jest wykorzystywane całkowicie, ponieważ większość czasu większość pasma jest używana do wysyłania ścieżki do węzła.

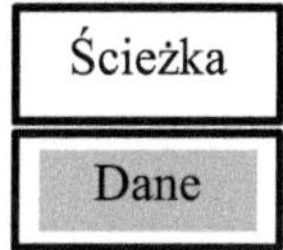

Rysunek 1: Ścieżka sieci DSR (szerokość pasma) z danymi

Wraz ze wzrostem rozmiaru sieci zwiększa się również długość ścieżki.

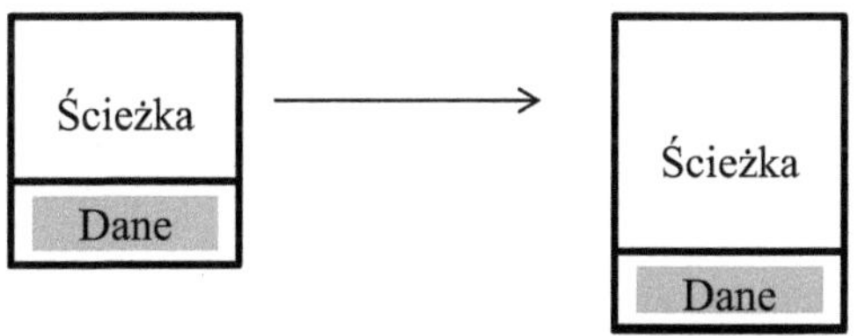

Rysunek 2: Gdy zwiększa się rozmiar sieci i dodatkowa przepustowość pozostaje pusta

Wraz ze wzrostem rozmiaru sieci, zwiększała się również ścieżka trasy. Zwiększa się również nagłówek pakietu danych.

WPROWADZENIE DO SYSTEMU MANET

Pojawienie się nowych rozwiązań sieciowych stawia nowe wyzwania nawet dla podstawowych zasad routingu, ponieważ mobilna sieć ad hoc (MANET) znacznie różni się od sieci przewodowej. Mobile Ad hoc Network - rodzaj sieci, która jest samokonfigurowaną siecią w swojej infrastrukturze, która może posiadać autonomiczne węzły tworzące sieć wielowęzłową do komunikacji. Mobilna sieć ad-hoc (MANET) składa się z mobilnych hostów wyposażonych w urządzenia do komunikacji bezprzewodowej. Transmisja z hostów mobilnych jest odbierana przez wszystkie hosty w swoim zasięgu transmisji dzięki łączności o charakterze nadawczym i dookólnej antenie. Podstawowym wyzwaniem jest utrzymanie i właściwe przekazywanie informacji o przebiegu trasy do wszystkich węzłów.

Jeśli dwa hosty bezprzewodowe znajdują się poza zasięgiem transmisji w sieciach ad hoc, inne hosty mobilne znajdujące się pomiędzy nimi mogą przekazywać swoje wiadomości, co skutecznie buduje połączoną sieć pomiędzy hostami mobilnymi w obszarze wdrożonym [5].Każdy węzeł w systemie MANET działa zarówno jako router jak i host. Sieć ad hoc ma dynamiczną topologię, która będzie miała dowolny kształt. Kilka protokołów routingu zostało zaprojektowanych dla systemu MANET w celu optymalizacji wydajności routingu sieciowego [3]. Węzły w AODV są zasilane bateryjnie i mają ograniczone źródło zasilania do pracy węzła, co ogranicza pojemność procesora, pamięci i przepustowości. Będzie to wymagało funkcji sieciowych, które są efektywne pod względem zasobów.

Węzły MANET mogą komunikować się ze sobą na przykład wtedy, gdy znajdują się w zasięgu transmisji bezprzewodowej. Jednak sieć Ad hoc musi również wspierać komunikację między węzłami, które są tylko pośrednio połączone szeregiem bezprzewodowych nadziei przez inne węzły, dzięki czemu możemy przesyłać nasze pakiety danych bezpośrednio lub pośrednio przez węzły.

Zaletą tej sieci jest to, że może ona być połączona z Internetem lub bez niego. Sieć MANET będzie bardzo pomocna w czasie katastrofy lub wojny.

Ataki na MANTE:

Bezpieczeństwo sieci bezprzewodowych jest zawsze bardzo trudnym zagadnieniem do rozwiązania. Aby zapewnić dobre rozwiązanie problemu ataków bezpieczeństwa, należy najpierw zrozumieć możliwą formę ataku i jego charakter. Klasyfikacje ataków sieciowych na MANET są wymienione poniżej. Haker może użyć innego rodzaju ataków na inną warstwę MANTE a:

Warstwy bezpieczeństwa MANET	Ataki
Warstwa aplikacyjna	Złośliwy kod, Repudacja
Warstwa transportowa	Porwanie sesji, SYN Flooding
Warstwa sieciowa	Flooding, Black Hole, Grey Hole. Worm Hole, Link Spoofing itp.
Warstwa łącza danych	Analiza i monitorowanie ruchu drogowego.
Warstwa fizyczna	Korki, podsłuchiwanie

Tabela 1: Klasyfikacja ataków sieciowych na system MANET

Ataki na mobilne sieci ad hoc można podzielić na dwie następujące kategorie: Pasywne i aktywne ataki [13].

Rodzaje pasywnych ataków:

- Podsłuch
- Analiza ruchu drogowego
- Snooping

Rodzaje aktywnych ataków:

- Atak powodziowy
- Atak na czarną dziurę
- Atak dziury na robaki
- Atak szarej dziury
- Link spoofingowy atak ogniowy
- Ataki złośliwego kodu
- Ataki odwetowe
- Sesja Porwanie
- Atak SYN Flooding Attack
- Atak odmowy służby
- Jamming
- Selfish Misbehavior of Nodes
- Monitorowanie i analiza ruchu drogowego

Zastosowanie MANET-u:

System ten może być używany w różnych typach aplikacji do przekazywania informacji niektóre aplikacje są wymienione poniżej:

ROBOTY: System ten może być stosowany w robotach w celu utrzymania komunikacji między robotami.

POJAZDY: Może być również stosowany w pojazdach.

Sektor komercyjny: Jako system ratowniczy i obronny będzie on przydatny w obszarze ratowniczym i obronnym, ponieważ istnieje wiele miejsc, do których nie można się dostać za pomocą sieci komórkowej, więc sieć MANET byłaby w tej sytuacji pomocna. Jest używany w komunikacji peer to peer.

Samojezdny pojazd: Określanie wyglądu innych pojazdów w celu zapewnienia bezpiecznej jazdy w pojazdach samobieżnych w ruchu drogowym.
Sektor wojskowy: Utrzymanie sieci informacyjnej pomiędzy żołnierzami, pojazdami i kwaterą główną informacji wojskowej [13].
Niski poziom: Aplikacja niskopoziomowa może być stosowana w sieciach domowych, gdzie system ten może być wykorzystywany do bezpośredniej komunikacji w celu wymiany informacji. Podobnie w innych środowiskach cywilnych, takich jak taksówka, stadion sportowy, łódź i małe samoloty, mobilna komunikacja ad hoc będzie miała wiele zastosowań.
Sieć danych: MANET może być również używany w sieci danych, łącząc wiele komputerów do przesyłania danych [13] poprzez umożliwienie komputerom przesyłania danych dla innych, sieci danych.
Sieć sensorów: Czujnik sieciowy to technologia wykorzystywana do wykrywania dowolnej liczby właściwości danego obszaru, takich jak temperatura, ciśnienie, toksyny, zanieczyszczenia, itp. Możliwości każdego z czujników są bardzo ograniczone i każdy z nich musi polegać na innych, aby przesłać dane do centralnego komputera [13] Mobilne sieci czujników ad-hoc zapewniają tu bezpieczeństwo w celu ochrony danych pomiędzy czujnikami.

PROTOKÓŁ AODV (AD HOC ON DEMAND DISTANCE VECTOR)

Protokół AODV buduje trasy pomiędzy węzłami tylko wtedy, gdy są one wymagane przez węzły źródłowe. AODV jest zatem uważany za algorytm na żądanie i nie tworzy żadnego dodatkowego ruchu dla komunikacji wraz z łączami. Trasy są utrzymywane tak długo, jak długo są wymagane przez źródła. Tworzą one również drzewa w celu połączenia członków grupy Multicast. AODV korzysta z numerów porządkowych, aby zapewnić świeżość trasy. Są one samostartujące się i wolne od pętli, poza skalowaniem do wielu węzłów mobilnych. W AODV, sieci są nieaktywne do momentu nawiązania połączenia. Węzły sieciowe, które potrzebują połączeń, wysyłają żądanie połączenia. Pozostałe węzły AODV przesyłają komunikat i zapisują węzeł, który zażądał połączenia. W ten sposób tworzą one serię tymczasowych tras powrotnych do węzła żądającego. Węzeł, który odbiera takie wiadomości i utrzymuje trasę do żądanego węzła, wysyła wiadomość zwrotną przez tymczasowe trasy do węzła żądającego. Węzeł, który zainicjował żądanie, używa trasy zawierającej najmniejszą liczbę chmieli przez inne węzły. Wpisy, które nie są używane w tabelach trasowania, są po pewnym czasie poddawane recyklingowi. Jeśli połączenie zawiedzie, błąd routingu jest przekazywany z powrotem do węzła nadawczego i proces jest powtarzany. Jako AODV używa Route Request (RREQ), aby znaleźć ścieżkę do transmisji pakietów i odbierać Route Reply (RREP) z sąsiedniego węzła.

Protokół Routingu Reaktywnego:

System akwizycji tras Pure on Demand wykrywa mechanizm, który jest podobny do dynamicznej trasy źródłowej, więc w celu wykrycia trasy w pierwszej kolejności wyśle pakiet żądania trasy, a gdy miejsce docelowe odbierze ten pakiet, odpowie na niego wysyłając pakiet odpowiedzi trasy. Trasy są tworzone w razie potrzeby, tzw. protokół routingu "On Demand".

Mechanizm odkrywania tras transmisyjnych:

- RREQ (Route Request Packet) nadawanie w celu znalezienia trasy.
- RREP (Route Reply Packet) Służy do ustawiania trasy do przodu.

Dynamiczne ustalanie pozycji tabeli tras:

AODV utrzymuje całą ścieżkę w formie tabeli, w której nie są używane tabele DSR.

Utrzymanie stanów opartych na czasomierzu:

Kiedy wpis jest dokonywany w tabeli, timer również z nią związany, timer określi, o której godzinie wpis ma być usunięty z tabeli. Węzły leżą na aktywnej ścieżce tylko utrzymują informacje o przebiegu trasy. Wpis dotyczący tabeli routingu wygasa, jeśli nie był ostatnio używany.

Numer sekwencji docelowej:

Może być uważany za znacznik czasu, w jakim czasie otrzymaliśmy informacje o trasie z miejsca docelowego, więc w przypadku, gdy informacja jest stara lub nie jest świeża w tym przypadku numer sekwencyjny miejsca docelowego jest używany do sprawdzenia, czy nadchodząca informacja jest świeża czy nie, wniosek jest numerem sekwencyjnym również uniknąć routingu pętli konto do nieskończoności problemów. Pozwala to również na unikanie starych i łamanych zasad.

Poniżej znajduje się graficzne przedstawienie działania protokołu routingu AODV:

Przykład:

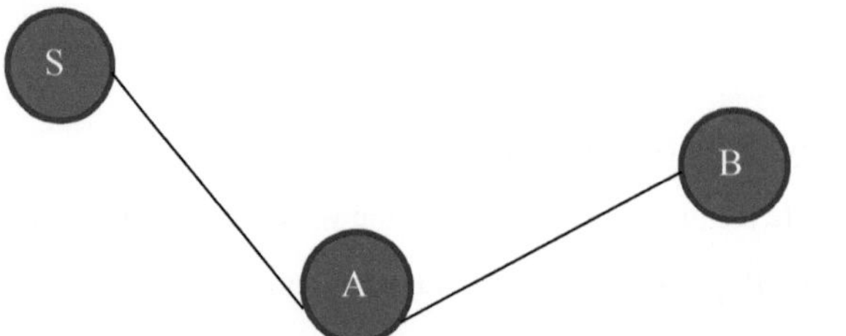

Rysunek 3: A chce wysłać dane do E w ramach protokołu AODV w manecie

Na powyższym wykresie A chce wysłać dane do węzła E. Początkowo węzeł A nie posiada żadnych informacji o swoim węźle docelowym, więc uruchomi mechanizm wykrywania trasy, który jest nazywany żądaniem trasy.

TRASA ODKRYCIE

Mechanizm żądania trasy AODV jest podobny do DSR, z wyjątkiem niektórych zmian, które są mieszkiem dyskowym:

Każdy węzeł utrzymuje dwa liczniki:

1. **Numer kolejny:** Numer kolejny będzie działał jako znacznik czasu.
2. **Broadcast-id: Za każdym** razem, gdy któryś z węzłów wysyła pakiet żądania trasy, pakiet ten posiada unikalne id, które jest utrzymywane przez każdy węzeł podczas wysyłania pakietu żądania trasy, musi on zwiększyć swoje id transmisji. Tak więc następnym razem, gdy będą wysyłać pakiet żądania trasy, który będzie miał inne ID.

RREQ (Route Request):

Gdy pakiet żądania trasy jest wysyłany z węzła źródłowego do węzła sąsiedniego, węzeł sąsiedni również wysyła pakiet RREQ do swoich sąsiadów wraz z węzłem źródłowym, każdy z węzłów sąsiednich sprawdza id źródła i id transmisji i dopasowuje oba numery do swoich id źródła i id transmisji, jeśli oba numery są dopasowane do węzła sąsiedniego, który dany węzeł sąsiedni uważa za ten pakiet żądania trasy (RREQ) transmitowany przez siebie i odrzuca go.

Route Request Packet zawiera następujące cechy:

- Identyfikator źródłowy
- Identyfikator miejsca przeznaczenia
- Source Sequence Number
- Numer sekwencji docelowej
- Broad Cast ID

- TTL (Time to leave)

Transmisja źródłowa Pakiet danych RREQ do wyszukiwania trasy:

Oto format pakietu dla protokołu AODV w Manecie:

Adres źródłowy	Źródło Sekwencja nr	broadcast-id	Adres docelowy	Dest Sequence No	Hope count

Tabela 2: Format pakietu dla RREQ

Adres źródłowy: Adres węzła nadawcy, który inicjuje żądanie trasy.

Source Sequence No: Gdy źródło wygeneruje ten pakiet w tym samym czasie, będą one zawierały informacje o swoim timerze sekwencyjnym (wartość bieżąca timera sekwencyjnego).

Broadcast-id: Unikalny identyfikator dla pakietu żądania trasy.

Numer sekwencji docelowej: Węzeł źródłowy nie ma pojęcia o miejscu docelowym na początku, więc ten wpis będzie pusty w momencie inicjowania RREQ.

Hope-Count: Jak wiele nadziei wymaga wysłania danych od nadawcy do odbiorcy.

Kiedy pakiet Route Request wysyła pakiet do sąsiedniego węzła, każdy węzeł aktualizuje swoją tabelę routingu w sposób opisany w poniższej prezentacji graficznej:

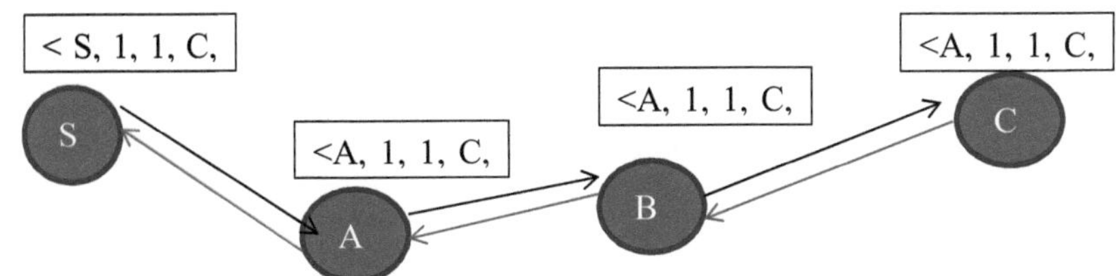

Rysunek 4: Tabela wyznaczania trasy, aby pokazać, w jaki sposób rozpoczyna się RREQ

Tutaj **Rysunek 5** ilustruje, że sposób inicjowania i nadawania Zapytania o trasę pomiędzy sąsiednimi węzłami.

Na powyższym rysunku, 5 węzłów S chce wysłać pakiet danych do węzła C. Przed zainicjowaniem i RREQ najpierw sprawdzi tabelę routingu, czy trasa istnieje, a następnie przekaże pakiet danych do następnej nadziei, że w przeciwnym razie zainicjuje żądanie routingu.

Tutaj węzeł S nie ma żadnej istniejącej trasy, więc wysyła pakiet RREQ do swoich sąsiadów, ponieważ S ma tylko jednego sąsiada A tak, że pakiet zostanie wysłany do węzła A, że pakiet składa się z <S, 1, 1, C, 0>. Tutaj S pokazuje węzeł źródłowy, 1 jest numerem sekwencji źródeł, a następnie 1 jest nadawany-id tutaj, C pokazuje adres docelowy, a 0 jest licznikiem nadziei ten licznik oznacza odległość od nadawcy (węzeł źródłowy) więc początkowo będzie to 0. W drugim kroku węzeł A odbiera pakiet RREQ od S jako <S, 1, 1, C, 0>. Kiedy A otrzyma ten pakiet A będzie wiedział, że ten pakiet pochodzi z węzła S, więc utworzy wpis w tabeli routingu, jak pokazano poniżej w Tabeli 3. Jak A nie ma żadnych informacji na temat węzła C więc, A będzie nadawać ten pakiet do wszystkich swoich sąsiadów, ale przed nadaniem tego pakietu, A zaktualizuje jego licznik nadziei, ponieważ jak wspomniano powyżej licznik nadziei jest odległość między bieżącym węzłem a węzłem docelowym tutaj, A zwiększyć licznik nadziei i nadać ten pakiet jako, <S, 1, 1, C, 1> do węzła S i B po otrzymaniu RREQ węzła pakietu S będzie sprawdzić jego adres źródłowy z jego tabeli routingu i odrzucić go, ponieważ ten pakiet jest nadawany przez S. B będzie sprawdzać miejsce docelowe jest C tak, B będzie również nadawać ten pakiet do wszystkich swoich sąsiadów po zwiększeniu jego liczenia nadziei tak, pakiet będzie <S, 1, 1, C, 2> B nadawać ten pakiet do A i węzeł C będzie odrzucać go i węzeł C będzie sprawdzać ten pakiet jest rzeczywiście dla węzła C tak, węzeł C przygotuje pakiet odpowiedzi trasy do wysłania z powrotem do B jak <E, A, 120,0> ale przed tym C będzie również utworzyć wpis w tabeli tras.

Dest	Next_Hope	Seq	Hope_Count	Życie

Tabela 3: Routing AODV Tabela każdego węzła do posiadania toru dla pakietu RREQ[1]

Dest-> Adres węzła **docelowego**

Next_hope-> What will be next hope.

Sekwencja -> Numer kolejny przeznaczenia

Hope Count-> Hope count to liczba chmielu, który ma dotrzeć do celu.

Life Time-> Po tym, ile czasu trasa wejścia wygaśnie.

---

[1] **UWAGA:** Każdy z węzłów ustawia odwrotną ścieżkę do węzła, z którego odbiera RREQ każdy węzeł przechowuje wszystkie informacje w swojej tabeli, jak pokazano w **tabeli 2.**

Przykładowa tabela routingu RREQ:

Węzły	Dest	Następnie	Hop	Seq
S	A	A	0	0
A	A	A	1	1
B	A	C	2	1
C	A	D	3	1

Tabela 4: Tabela tras utrzymywana przez każdy węzeł podczas nadawania pakietu RREQ

Odpowiedzi na pytania dotyczące miejsca przeznaczenia przy użyciu unicastingu RREP (Route Reply):

Gdy miejsce docelowe otrzyma zapytanie o trasę, sprawdzi adres docelowy i sam znajdzie proces wykrywania trasy. Tak więc w takim przypadku miejsce docelowe odpowie za pomocą pakietów odpowiedzi na trasie. Format pakietu odpowiedzi na trasę jest tutaj:

Adres źródłowy	Adres docelowy	Dest_Sequence No	Hope count	Czas życia

Tabela 5: Format pakietu dla RREP

Numer sekwencji docelowej: Kiedy miejsce przeznaczenia wyśle ten pakiet, zawierają one swój znacznik czasu.

Hope_count: Jest to czas życia, który określa jak długo można korzystać z danej ścieżki.

Lady węzła pośredniego: Kiedykolwiek znajdą podwójną paczkę, wyrzucają ją. W przypadku, gdy nadawca prosi o trasę, będzie nadawał pakiet z prośbą o trasę lub jeśli węzeł pośredni posiada jakieś uaktualnione informacje, to zamiast nadawać pakiet z prośbą o trasę, wyśle odpowiedź do nadawcy.

RREP (odpowiedź na pytanie o trasę):

Tabela wyznaczania trasy zgodnie z poniższym przedstawieniem graficznym:

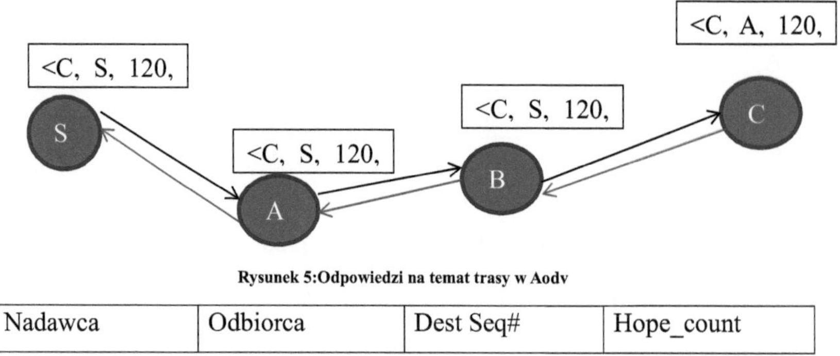

Rysunek 5:Odpowiedzi na temat trasy w Aodv

Nadawca	Odbiorca	Dest Seq#	Hope_count

Tabela 6: Tabela tras AODV dla RREP

Jak pokazano na powyższym Rysunku 5, węzeł docelowy wysyła swoją odpowiedź pakiet RREP do swojej lokalizacji docelowej przy użyciu sąsiednich węzłów.

C wysyła odpowiedź routingu do sąsiedniego węzła B i pakiet będzie <E, A, 120, 0> jak wiemy, że liczenie nadziei jest odległość od nadawcy i tutaj nadawca jest C i obecnie, jesteśmy na C tak, odległość od C do C jest 0 po otrzymaniu tego pakietu RREP B zwiększy liczenie nadziei i przekazać tę odpowiedź do A z informacjami jak <E, A, 120, 1>. Węzły A również, zwiększyć jego liczbę nadziei i wysłać ten pakiet RREP <E, A, 120, 2> do węzła S. Każdy węzeł uaktualnił swoje tabele routingu i wszystkie miały informacje dla węzła C.

Ilekroć węzeł źródłowy S posiada swoje dane, a dane nie niosą żadnej trasy, ponieważ każdy węzeł posiada swoją własną tabelę, więc gdy tylko otrzyma jakikolwiek pakiet danych, skonsultuje się z jego tabelą routingu, na podstawie tej tabeli routingu przekaże pakiet danych do innych węzłów.

Przykładowa tabela routingu RREP:

Węzły	Dest	Następnie	Hop	Seq
C	C	C	0	120
B	C	C	1	120
A	C	B	2	120
S	C	A	3	120

Tabela 7: Tabela tras utrzymywana przez każdy węzeł podczas nadawania pakietu RREP

Stół trasowania węzła:

Każdy węzeł zawiera tabelę trasowania zawierającą następujące właściwości:

- Numer docelowy
- Następna nadzieja
- Numer kolejny
- Hope Count
- Czas życia

Gdy węzeł chce wysłać pakiet danych do innego węzła, najpierw sprawdza jego tabelę routingu, czy istnieje trasa, a następnie przesyła pakiet danych do następnego węzła, aby w przeciwnym razie zainicjować żądanie trasy.

Konserwacja trasy:

Route Error:

Jeśli węzeł zerwie się lub odrzuci z trasy lub zmieni swoją ścieżkę to węzeł połączony z tym węzłem rozgłasza komunikat RRER (Route Error) do wszystkich węzłów to węzeł źródłowy uważa, że węzeł zerwie się lub zmieni swoją ścieżkę. Węzeł źródłowy i węzeł pośredni przechowują informacje o następnej nadziei za pomocą tabeli trasowania.

Zastosowania sieci ad-hoc:

- Zarządzanie kryzysowe
- Praca zespołowa
- Sieć obszarów osobistych
- Sieć czujników
- Pole bitwy

FUNKCJONALNOŚĆ PROTOKOŁU AODV

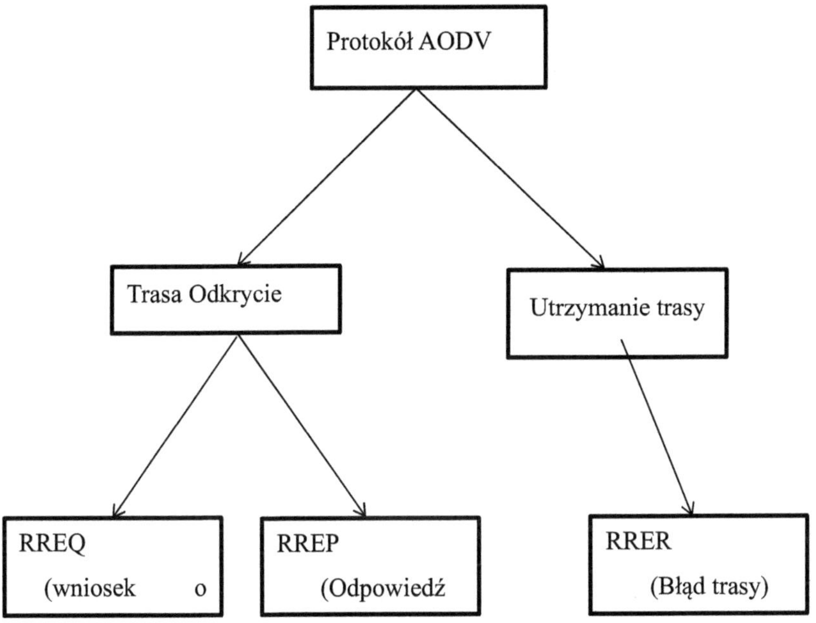

Rysunek 6: **(Działający protokół AODV)**

WPROWADZENIE DO DATA PACKET

Pakiet danych to podobny kontener informacji wraz z niezbędnymi szczegółami, które pomagają w udanym przeniesieniu danych ze źródła do miejsca przeznaczenia. Po utworzeniu wiadomości ping, zostanie ona przesłana wraz z niezbędnymi szczegółami, takimi jak docelowy adres IP, źródłowy adres IP oraz dane przedstawione w poniższej tabeli.

Przykład pakietu danych:

Miejsce docelowe IP	Źródło OD	Dane
172.16.11.5	192.168.10	Komunikat pingowy

Source IP jest adresem IP węzła, który chce wysłać dane do innego węzła.
Destination IP to adres IP tego konkretnego węzła, który jest docelową ścieżką dla danych.
Węzeł źródłowy sprawdza adres Mac najbliższego routera w swojej tabeli ARP, gdy nie ma żadnego adresu Mac w swojej tabeli, wysyła żądanie ARP do najbliższego routera.
Router wysyła odpowiedź ARP do tego konkretnego węzła źródłowego z jego adresem Mac. Każdy węzeł ma tabelę ARP.

KONTEKST HISTORIA ATAKU NA PAKIETY DANYCH W PROTOKOLE AODV NA CZARNĄ DZIURĘ

Celem tej książki jest analiza wpływu czarnej dziury w systemie MANET na działanie protokołu routingu reaktywnego, czyli wektora odległości ad hoc na żądanie (AODV). Analiza porównawcza ataku na czarną dziurę dla tego protokołu jest brana pod uwagę. Wpływ ataku czarnej dziury na działanie systemu MANET jest oceniany na podstawie tego, czy ten protokół jest bardziej podatny na atak i jaki jest jego wpływ na ten protokół. Pomiaru dokonuje się w zależności od przepustowości, ilości spadających pakietów i współczynnika dostarczonych pakietów [1].

Węzeł czarnej dziury używa protokołu routingu do reklamowania się jako świeższa droga do węzła, którego pakiety chce przechwycić. W protokole opartym na zalewaniu, jeśli złośliwa odpowiedź dotrze do węzła żądającego przed odpowiedzią z właściwego węzła, utworzona została sfałszowana trasa. Ten złośliwy węzeł może wtedy wybrać, czy upuścić pakiety, aby przeprowadzić atak typu denial-of-service [3].

WPROWADZENIE DO PROTOKOŁU AODV W RAMACH ATAKU BLACK HOLE ATTACK W MANECIE

Sieci chmur są bardzo szerokie, ale niewiarygodne z uwagi na ich elastyczny charakter. Ze względu na tę naturę, węzły mogą w każdej chwili dołączyć do sieci i opuścić ją [10]. W świecie informatyki bezpieczeństwo jest jednym z najważniejszych uzgodnień, które jest szeroko stosowane w celach zbrojnych [11], w erze tragedii i w systemach osobistych. Omawiamy atak Blackhole na sieć komórkową Ad hoc w protokole Ad-hoc on demand distance vector (AODV).

AODV jest protokołem routingu reaktywnego. Gdy węzeł musi najpierw wysłać pakiety danych do miejsca docelowego, sprawdza tabelę routingu dla istniejącej trasy, jeśli nie znaleziono żadnej trasy, inicjuje i wysyła żądanie RREQ (Route Request) i rozsyła je do wszystkich sąsiadów w celu znalezienia nowej trasy do pożądanego miejsca docelowego. Proces ten nazywany jest odkrywaniem trasy. Sąsiedzi aktualizują swoją tabelę zgodnie z żądaniem RREQ [6].

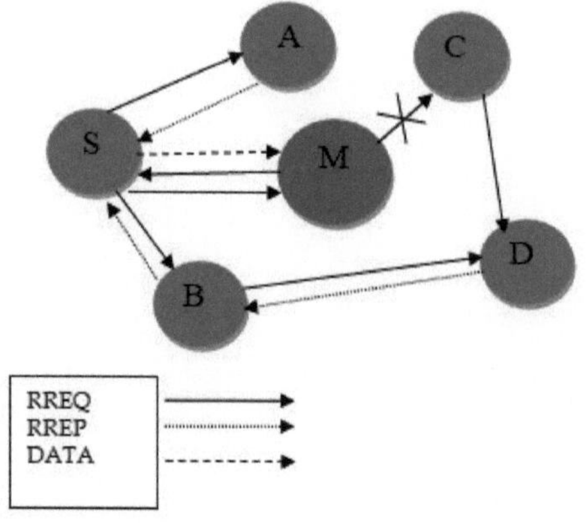

S=> Węzeł źródłowy
M=>Zły węzeł
D=>Węzeł docelowy

Rysunek 7: Atak czarnej dziury na dane w protokole AODV w systemie MANET

W tym przypadku wyśle pakiet RREP (Route Reply) na odwrotnej ścieżce, jak pokazano na Rys.1Jeśli ścieżka nie jest dostępna; zwiększy liczbę skoków o jeden i dalej nada RREQ.

W tej transmisji danych, jeśli jakikolwiek węzeł jest zidentyfikowany jako przerwa w trasie, wyśle komunikat RERR (Route Error), jak pokazano na Rys.2.Świeża trasa jest mierzona przez jego numer sekwencji docelowej. Węzeł źródłowy wybiera ścieżkę o wyższym numerze sekwencji przeznaczenia i niskiej liczbie nadziei. W ataku na czarną dziurę, złośliwy węzeł odbiera pakiet żądania trasy i wysyła RREP z numerem sekwencji włosów docelowych.

Węzeł źródłowy znajduje RREP o dużym numerze sekwencji i uważa, że trasa jest świeża i zaczyna wysyłać pakiety danych.

Po odebraniu pakietów danych z węzła źródłowego, złośliwy węzeł nie przekazuje pakietów danych i odrzuca je, zmniejszając tym samym współczynnik dostarczenia pakietów i zwiększając przeciążenie sieci [12].

Na tym rysunku, M (Złośliwy Węzeł) wysyła podrobiony RREP do węzła źródłowego S z wysokim numerem sekwencji. Ponieważ węzeł źródłowy nie posiada żadnych wcześniejszych informacji o miejscu docelowym w swojej tabeli. Rozpoczyna on wysyłanie danych do węzła M, który następnie upuszcza pakiety [3], [12].

PROPONOWANA TECHNIKA ZAPOBIEGANIA

W ramach tych badań zaproponowano udoskonaloną technikę zapobiegania atakowi czarnej dziury w protokole AODV. Proponuje się, aby w celu dokonywania transakcji danych w sposób bezpieczny przekształcić nasze proste węzły źródłowe w węzeł FOX (ostry węzeł), wykorzystując technikę Honey-Pot inspirowaną komputerowym systemem rozproszonej detekcji włamań (technika Honey-Pot). Kiedy węzeł musi wysłać pakiet danych do określonej lokalizacji docelowej, gdy działa protokół AODV, najpierw sprawdza jego tabelę routingu, aby dowiedzieć się, czy istnieje istniejąca ścieżka do przesłania pakietu danych do wymaganej lokalizacji docelowej, czy też nie? Jeśli w jego tablicy routingu znajduje się istniejąca ścieżka, uruchomi on swoje procesy w celu wysłania pakietu danych zgodnie z moim rozwiązaniem, co zostanie szczegółowo omówione poniżej. Jeśli nie ma żadnej ścieżki, nadaje RREQ (Route Request) do wszystkich swoich sąsiadów, aby znaleźć najkrótszą drogę do węzła docelowego.

Kiedy węzeł sąsiedni wysyła RREP (Route Reply) do węzła źródłowego, węzeł źródłowy, który jest inteligentnie przekształcany w węzeł źródłowy FOX (ostry węzeł) zamiast wysyłać pakiety danych do sąsiednich węzłów, wygeneruje pakiet Replica, który reprezentuje się jako pakiet danych, ale nigdy nie zawiera danych i służy jedynie do śledzenia aktywności tego węzła sąsiedniego i zapisywania wszystkich informacji o tym złośliwym węźle. Ten pakiet Replica wygląda jak pakiet danych i jest używany do uwięzienia hakerów lub złośliwych węzłów, węzeł źródłowy zawiera rekord, który nazywa się złośliwym rekordem M.R. Gdy nie ma żadnych powiadomień od repliki do węzła źródłowego, uzna, że nie ma żadnego złośliwego węzła w trasie i ścieżka jest bezpieczna, wówczas węzeł źródłowy zapisze w swojej tablicy tras numer zliczający nadzieje, że jest bezpieczna i wyśle oryginalny pakiet danych do tego węzła, zostanie uznane, że ta konkretna ścieżka w bezpieczny sposób wyśle pakiet danych do węzła docelowego zgodnie z numerem zliczającym nadzieje, routing węzła źródłowego zostanie zaktualizowany i zapisze tę najbezpieczniejszą ścieżkę.

Jeśli atak złośliwego węzła na pakiet repliki w celu uznania, że replika jest oryginalnym pakietem danych jako intruz nie powinien być w stanie wykryć, że jest on w systemie honeypot i że jego działania są monitorowane. Replika wyśle komunikat ostrzegawczy i wszystkie informacje o złośliwym węźle do węzła źródłowego, wówczas zostanie uznane, że dany węzeł sąsiedni nie wysyła tego pakietu Repliki dalej do innego węzła sąsiedniego jako; węzeł bezpieczny wysyła pakiet danych do innych węzłów sąsiednich w celu przesłania danych do pierwotnego miejsca docelowego. Złośliwy węzeł zaczyna atakować ten pakiet repliki, aby uznać go za oryginalny pakiet danych, replika zapisuje swoje informacje i zastawia pułapkę na wszystkie swoje działania i wysyła swoje informacje do węzła źródłowego, a następnie zapisuje te informacje w swojej tabeli M.R..

Węzeł ten, uważany za węzeł złośliwy po wykryciu złośliwego węzła, zapisuje adres i informacje o tym złośliwym węźle w swojej tablicy routingu i przekazuje ten adres i informacje wszystkim sąsiadom.

W ten sposób wszystkie sąsiednie węzły łatwiej identyfikują ten złośliwy węzeł i nigdy nie wysyłają do niego żadnego pakietu danych. Po otrzymaniu odpowiedzi RREP od węzła, węzeł źródłowy dopasowuje wszystkie swoje informacje do danych tabeli routingu, jeśli nie są one dopasowane, zostanie on wprowadzony do gry, w przeciwnym razie węzeł źródłowy aktualizuje swój adres i informacje w tabeli routingu, wysyłając je do wszystkich sąsiadów i ignorując jego żądanie.

Technika HONEY-POT Pseudokod

1. Węzeł źródłowy Foxa najpierw sprawdza czy istnieje jakaś trasa, jeśli nie to wygeneruje RREQ (Route Request Packet).Węzeł źródłowy FOXa rozgłasza RREQ (Route Request) do wszystkich sąsiadów w celu znalezienia najkrótszej i świeżej ścieżki do węzła docelowego.
2. Sąsiednie węzły wysyłają RREP (Route Reply) dla pakietu danych. Jeśli istnieje złośliwy węzeł, będzie on również udawał, że jest to świeża i najkrótsza droga do węzła docelowego i wysyła RREP do węzła źródłowego.
3. Spodziewasz się wysłać oryginalny pakiet danych nasz inteligentny węzeł źródłowy FOX wysyła pakiet Replica do tego sąsiedniego węzła, aby sprawdzić, czy jest to bezpieczna ścieżka, czy nie? Wykorzystując technikę Honey-Pot, sąsiednie węzły uznały, że pakiet Replica jest oryginalnym pakietem danych.
4. Jeśli Replica nie wyśle żadnych danych i powiadomień o ataku hakera, zostanie on śledzony przez węzeł źródłowy FOX i uzna, że ścieżka jest bezpieczna dla dostarczania danych i wysyła oryginalny pakiet danych do tego sąsiedniego węzła i zapisuje informacje o ścieżce w tabeli routingu.
5. Jeśli pakiet Replica wysyła jakiekolwiek informacje o ataku hakera do węzła źródłowego FOX, to zostanie uznane, że złośliwy atak na węzeł i węzeł źródłowy FOX zapisuje te informacje o złośliwym węźle i przekazuje te

informacje do wszystkich swoich sąsiadów.

6. Węzeł źródłowy Foxa zapisuje te informacje i zawsze identyfikuje konkretny RREP ze złośliwym węzłem i ignoruje RREP.

Użycie tej techniki Honey-Pot i przekształcenie prostych węzłów źródłowych w FOX

Węzeł źródłowy to lepszy sposób na zabezpieczenie pakietów danych przed atakiem Black Hole. W tym

możemy zabezpieczyć nasze dane przed hakerami i atakiem Black Hole. Oto graficzne przedstawienie techniki Honey-Pot poniżej wykresu pokazuje jak, kiedy i dlaczego

węzeł źródłowy wysyła pakiet repliki do sąsiedniego węzła i w jaki sposób replika wysyła informację o napastniku do węzła źródłowego.

Graficzne przedstawienie Techniki Miodu-Pot:

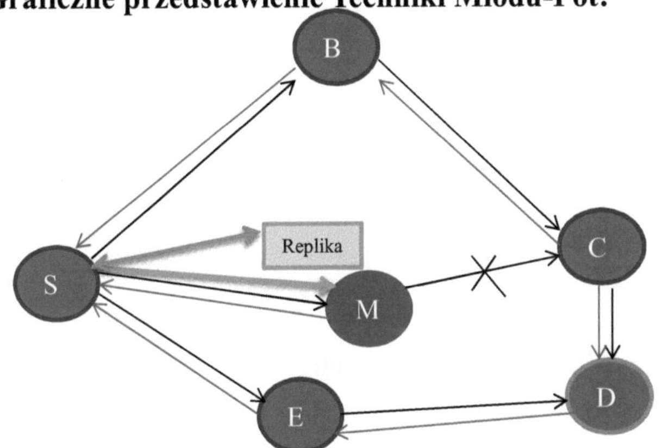

Rysunek 8: Graficzne przedstawienie techniki Honey-Pot

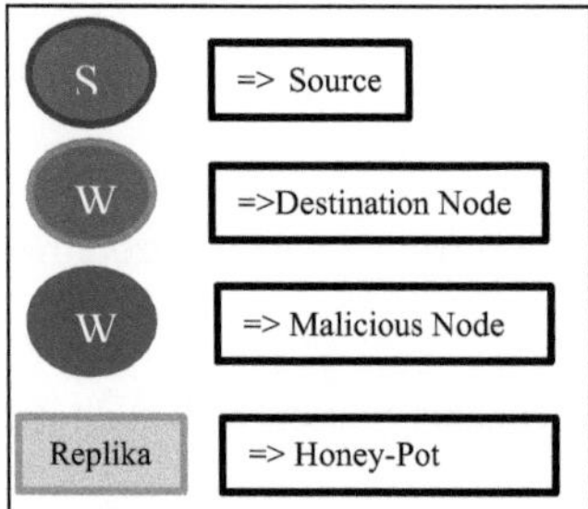

Oto uzasadnienie dotyczące strzałek w tabeli poniżej:

	Strzałka z lewej strony po prawej stronie pokazuje jak replika odbiera informacje o napastniku i wysyła je do węzła źródłowego.
	Strzałka ta pokazuje, że węzeł źródłowy wysyła RREQ do sąsiednich węzłów.
	Ten węzeł sąsiadów z czerwoną strzałką wysyła RREP do węzła źródłowego.
	Strzałka ta służy do reprezentowania węzła źródłowego wysyłającego pakiet repliki.

Tabela 8: Opis strzałek

Czym to rozwiązanie różni się od innych?

Korzyści:

1. Zapewni to wysoki poziom bezpieczeństwa danych z ataku hakerów.

2. Zaoszczędzi to czas, ponieważ zapis złośliwego węzła zostanie zapisany w tabeli M.R (Złośliwy zapis) węzła źródłowego, jak również będzie transmitowany do wszystkich zaufanych węzłów sąsiednich przez węzeł źródłowy. Kiedy złośliwy węzeł wysyła RREP do węzła źródłowego, węzeł ten może po prostu zignorować jego żądanie.
3. Zachowajcie Złośliwy Rekord w tablicy rezonansowej.
4. Przekształcenie naszego prostego węzła źródłowego w inteligentny węzeł, który podejmuje inteligentną decyzję Lubię nazywać ten prosty węzeł źródłowy węzłem FOX, który jest ostrzejszy niż stary węzeł źródłowy.
5. Nie jest to ograniczone podejście do zabawiania węzłów na trasie, jak wiele rozwiązań stosowanych jako technika młócenia, która będzie działać wśród ograniczonej liczby węzłów.

SCHEMAT BLOKOWY SCHEMAT

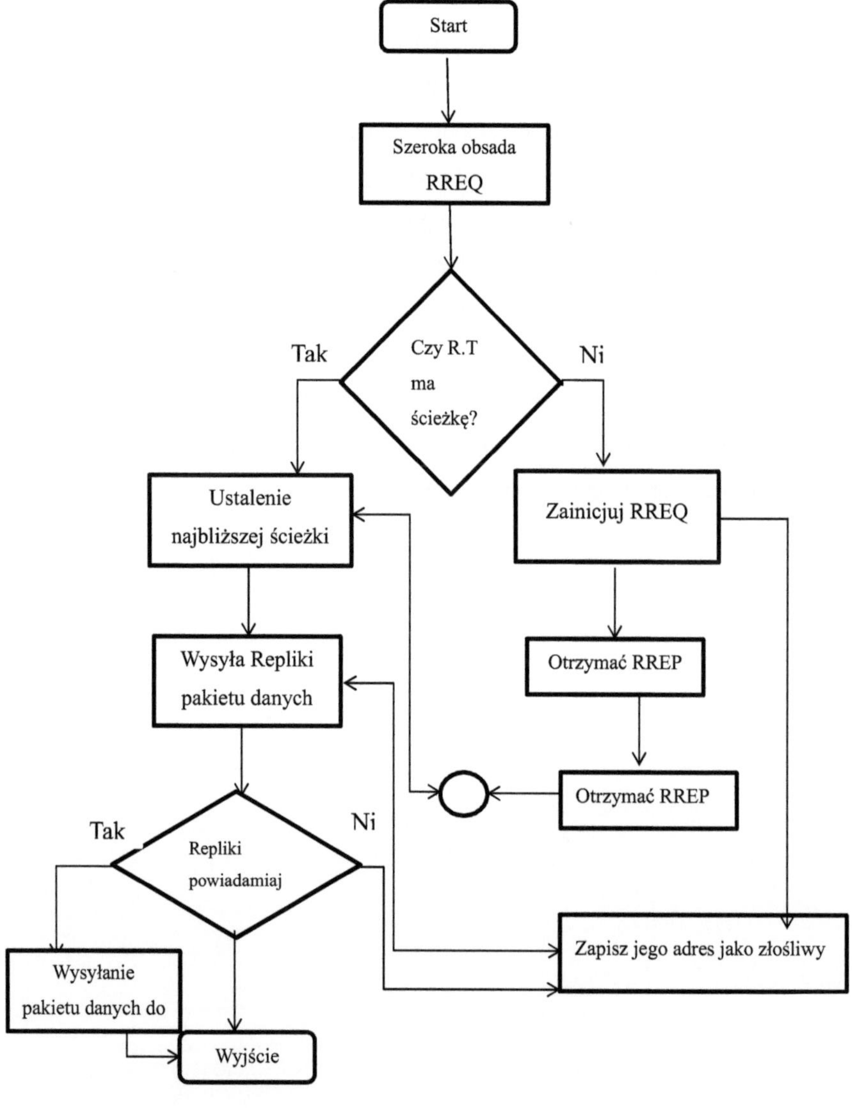

Rysunek 9: Schemat blokowy przedstawiający Technikę Miodu i Kotła

REFERENCJE

1] Kamaljit Kaur, Gaurav Raj, "Comparative Analysis of Black Hole Attack over Cloud Network using AODV and DSDV K", IEEE 2015.

Umashkar Ghungar, Dr.Jayaram pardhan ,"A Study on Black Hole Attack in Wireless Sensor Networks" 2017.

3] Sakshi Jain, Review of Prevention and Detection Methods of Black Hole Attack in AODV- based on Mobile Ad Hoc Network, International Journal of Scientific and Research Publications, Volume 2, Issue 9, September 2012.

4] Arshdeep kaur, Mandeep kaur," A SURVEY BLACK HOLE ATTACK IN MANET", International Journal of Science, Engineering and Technology Research (IJSETR), Volume 4, Issue 5, May 2015.

Pani Monika Y.Dangore , Pan Santosh S. Sambare,'Detecting And Overcoming Blackhole Attack in AODV Protocol'2013.

Mohamed A. Abdelshafy, Peter J.B. King, "Resisting Blackhole Attacks on MANETs"2016.

Latha Tamilselvan i Dr. V Sankaranarayanan, "Prevention of Blackhole attack in MANET", BSA Crescent Engineering College, 2007 IEEE.

[8] Durgesh Kshirsagar i Ashwini Patil, "Blackhole attack prevention and detection by real time monitoring", 4th ICCCNT 2013.

Pooja Jaiswal i Dr. Rakesh Kumar "Zapobieganie atakowi czarnej dziury w MANET", IRACST, październik 2012.

10] Bilel Zaghdoudi, Hella Kaffel-Ben Ayed, Imen Riabi, Ad Hoc Cloud as Service:A Protocol for setting up an Ad hoc Cloud over MANETs, The international workshop on networking algorithms and technologies for IoT (NAT-IoT) 2015.

[11] Arshdeep kaur1, Mandeep kaur, A SURVEY BLACK HOLE ATTACK MANET", wydanie 5, maj 2015.

Huma Tariq, Sidra Anwar, "Prevention for Black Hole Attack Using Honey-Pot Technique In AODV Protocol" Issue 3, March 2018.

[13] 1Mr. L Raja, 2Capt. Dr. S Santhosh Baboo, "Przegląd MANETU. Applications, Attacks and Challenges" Vol. 3, Issue. 1 stycznia 2014 roku.

DODATKI

Ta książka poświęcona jest strategii ataku na dane, która nazywa się Black Hole Attack in MANET pod nazwą Ad-hoc on Demand Distance vector (AODV). W tej książce omawiamy działanie protokołu AODV, MANET, pakietu danych, naturę Black Hole Attack. To proponowane rozwiązanie najpierw wykrywa, a następnie zapobiega temu atakowi poprzez inteligentne przekształcenie węzła źródłowego, który nazwałem węzłem Foxa. Zaproponowałem "Honey-Pot Technique", aby uczynić sieć AODV bardziej bezpieczną. W tej nowoczesnej erze istnieje potrzeba stworzenia bezpieczniejszego środowiska sieciowego, które usunie hakerstwo i sprawi, że próba eve dropper'a zakończy się niepowodzeniem.

"Każdego ranka każda osoba budzi się z pętlą w umyśle i ciągle myśli o instrukcji pętli, pętla ta zawiera instrukcję i iteruje cały dzień w umyśle". Zapisz swój życiowy cel w pętli swojego umysłu, a osiągniesz go z powodzeniem".

Printed by Books on Demand GmbH, Norderstedt / Germany